TALMA STUDIOS

Du même auteur :
– *Prières de vie de l'Empereur Jaune* (I)
– *Prières de guérison de l'Empereur Jaune* (II)
– *Prières de soutien de l'Empereur Jaune* (III)
– *Les Prières de l'Empereur Jaune* (IV), qui regroupe les volumes I à III.

**Avertissement.** Le contenu de ce livre ne peut en aucun cas se substituer à un avis, diagnostic ou traitement médical professionnel. Vous devez toujours consulter des professionnels de la santé et suivre leur avis sans délai quel que soit le contenu de ce livre, qui n'est pas médical. Nous ne pouvons donc aucunement être tenus pour responsables des conséquences éventuelles qu'il pourrait engendrer. Chaque lecteur assume le risque et la responsabilité pour l'ensemble de ses actions et choix.

ISBN : 978-1-913191-51-1
Dépôt légal : 1er trimestre 2025

**Talma Studios International Ltd.**
Clifton House, Fitzwilliam St Lower
Dublin 2 – Ireland
www.talmastudios.com
info@talmastudios.com
© All rights reserved. Tous droits réservés.

**Amaya Chu Shen**

# PRIÈRES DE SECOURS DE L'EMPEREUR JAUNE

# Introduction

Nous sommes tous doués de capacités extrasensorielles. Nous possédons tous la faculté d'aider à la guérison par le pouvoir de l'intention ou de la prière.

Dénuée de son aspect religieux, la prière est un moyen puissant de se connecter consciemment aux énergies. Les mots délivrent leurs bulles de sens et de symboles, ils atteignent les profondeurs de l'âme.

Cette pensée dirigée en appelle au bon, l'espoir est son vecteur de détermination. C'est lui qui permet la persévérance, la réunion des énergies en un même point de délivrance.

Le recueillement, l'entrée profonde en soi-même est nécessaire, car c'est à l'intérieur que brûle le feu sacré de la compréhension de la Vie.

De tous temps, chamans, sorciers, druides ont accompagné leurs soins du Verbe sacré pour insuffler la force à leurs protocoles.

Ces prières sont des alliées extraordinaires et précieuses.

Elles autorisent toute personne à s'engager pour le bien de l'Humanité, attitude altruiste qui délivre l'ego de ses voiles aux satisfactions éphémères.

Chaque prière prononcée avec conviction emportera sur ses ailes de messagère la certitude que l'Univers offrira le plus juste à l'individu. Et nous devons avoir la sagesse d'accepter ce qui est.

C'est dans cette confiance mutuelle que naissent les miracles.

L'Empereur Jaune

## Prier

Lorsque l'on souhaite obtenir l'aide d'une prière, il est essentiel d'orienter l'intention. D'abord, il est nécessaire de se focaliser mentalement sur le sujet ou la zone (s'il s'agit d'un soin) à traiter, c'est-à-dire avoir une pensée à l'endroit où l'on souffre. Ensuite, il ne suffit pas seulement de lire les mots : c'est en les répétant en boucle qu'ils agissent. Les psalmodier gaiement. Ils acquièrent aussi plus de puissance s'ils sont prononcés avec profondeur et l'intention réelle d'obtenir la « guérison » du corps ou de l'esprit.

Il est important de maintenir tout au long de la journée une pensée en lien avec la demande. Nous pouvons reprendre la prière pour la réciter, mais nous pouvons utiliser d'autres moyens de garder le fil. C'est pourquoi il est intéressant de créer un endroit dédié chez soi où l'on peut déposer la prière, une photo de nous ou de la personne pour laquelle nous demandons la réalisation, des bougies ou tout autre objet symbolisant ce continuum et le fait que nous tenons un engagement au travers de la prière.[1, 2]

---

1. NdÉ : Sont regroupées par thématique l'ensemble des prières de ce volume issues des précédents, donc la présentation n'est pas identique, car, par exemple, dans le troisième volume, l'Empereur Jaune n'a pas communiqué de protocole, en précisant que c'est à chacun(e) de ressentir la fréquence et le moment pour les utiliser (elles sont sans titre autre que le nom de leur objet).
2. Même si nous laissons les indications de plante et de pierre, les prières seules peuvent suffire.

# I. La santé[3]

## Prière pour le maintien en santé

Cette prière agit pour la prévention. Elle s'adresse à toute personne désireuse de conserver un excellent état de santé.
À réciter régulièrement une fois par jour durant une période de dix jours. À renouveler tous les mois. Chacun peut adapter son protocole en fonction de son ressenti.
Rappelons que la force d'une prière est la répétition. La réciter une fois aura donc moins d'impact que prononcée plusieurs fois et en conscience.

> Énergies impalpables
> Sachez œuvrer
> Pour que mon corps et mon esprit
> Fonctionnent en harmonie
> Oubliant les contraintes
> Et les limitations
>
> Esprit vaporeux
> Biochimie en éveil
>
> Je suis un être heureux
> Qui possède toutes les compréhensions
> Je rends grâce aujourd'hui
> Pour l'équilibre et la vie qui me traverse

---
3. À l'intérieur de cette thématique, les prières sont classées sans logique afin d'en regrouper le plus grand nombre pour ce format de poche. Elles sont donc par ordre alphabétique dans la table des matières, comme dans un index, afin de les retrouver aisément.

## Prière pour la pensée créatrice en santé

Cette prière s'adresse aux personnes malades qui désirent insuffler le mantra de la guérison en elles. Elle permet de prendre conscience des liens qui existent entre corps et esprit. Elle invite à développer la foi en nos forces protectrices et en la puissance de notre mental.
À réciter matin et soir (plus si souhaité) durant la période de traitement et la convalescence.

Pensée magique ou pensée illusoire
Ma pensée est ma foi
Finies ses accroches avec mon mental
Ma pensée se dirige vers mon cœur
Je reçois cette pensée d'amour, de paix et de guérison

Installée au fond de mon cœur, elle irradie
Elle communique à mes organes
Que l'énergie de mon corps est stable et pure

Je n'ai plus à m'en faire
L'Univers travaille pour moi
Il maintient la pureté des fils conducteurs
Et nourrit chacun de mes organes

Mon corps ne fabrique plus rien
Qui ne lui soit nécessaire pour fonctionner
en harmonie
Je suis sain(e) d'esprit et de corps

## Prière pour la douleur

Cette courte prière s'adresse à toute personne ressentant une douleur vive et pénible. Elle peut aussi servir de mantra pour les douleurs chroniques.
À réciter autant de fois que nécessaire.

Maîtres de l'Univers inconnus et bienfaiteurs
Agissez pour moi

Que d'une enclume
La douleur soit transformée en plume

## Otite (enfant)

À répéter autant de fois que l'on veut, comme une comptine, durant la phase aiguë de l'otite. Elle décentre l'attention de l'enfant et lui donne la force de lutter.

Zip zap tu retapes
De mon oreille, douleur, tu t'échappes

## Épilepsie

Affolement neuronal apaisé
Mal rompu à la racine
Le calme est revenu
Arrêt des crises
Tout est bien

## Prière pour la santé d'un proche

Cette prière sera utile à toute personne souhaitant envoyer de bonnes pensées de rétablissement à un proche.
À réciter durant toute la durée du traitement et de la convalescence une fois par jour. Le reste de la journée, poser à l'intérieur du livre sur la prière une photo de la personne malade avec une bougie blanche allumée à proximité le plus souvent possible.

Ô amis de l'Univers
Aujourd'hui, j'ai besoin de vous auprès de …
(nom de la personne)
Qui souffre de … (nommer le mal)

De vos mains magiques
Faites circuler l'énergie

Libérez les barrières
Pour que le flot continu de la vie
Retrouve son sillon fleuri

Faites briller les lampions de la guérison
Agitez les drapeaux de l'appel à l'aide

… (nom de la personne) a besoin de vous
Pour retrouver la chanson qui est la sienne

Je vous remercie pour votre présence
Active et rassurante
Et m'en remets à vous
Avec confiance et amour

## Accident vasculaire cérébral (AVC)

Anges de lumière
Je vous invoque
Pour me donner la vie sans séquelles
Et sans récidive
Mon cerveau retrouve son fonctionnement
L'AVC n'était qu'un accident
Permettez-moi de rester dans la mobilité des fluides
Et la clarté de la pensée à tout instant
Sans fatigue ni dérangement
Merci

## Hémorragie

Achillée millefeuille, renouée et plantain
Venez-moi en aide
Pour que de vos vertus hémostatiques
Soit stoppé le flot
Sang qui sort, stop
Sang dehors, stop
Retour à la normale

## Prière pour les énergies nocives

Cette prière est préconisée lorsque la personne se sent affaiblie, influençable ou en état de soumission dans des relations toxiques.
Elle permet à l'individu de retrouver son énergie propre. Les énergies parasites sont considérées

comme nocives car ne faisant pas partie de l'être. Ainsi, par la force de l'intention, la personne convoque à elle les meilleures forces.
À réciter lentement en s'imprégnant de chaque mot au minimum deux fois par jour jusqu'au mieux-être.

Ô toi, source pure, lumineuse et irradiante
Toi qui animes mon être
Toi qui es le souffle

Incorpore mon être de toute ta puissance
Incorpore mon mental de toute ta présence
Afin qu'aucune autre puissance ne s'infiltre

Tu es lumière, joie et force de vérité
Tu es l'Unique, le sensible et l'amour

Tu fleuris chaque être
Et ne te laisses envahir par aucune mauvaise herbe
Tu es l'Unique, la joie et l'amour
La seule énergie
Dont mon corps et mon esprit ont besoin

Je t'accueille en moi et repousse toutes les autres
Tu es l'Unique, la joie et l'amour

Je ne m'accroche qu'à toi
Sauveur et guérisseur venu de l'éternité

## Prière pour la circulation des fluides (activation du chi du cœur)[4]

Cette prière et les exercices qui l'accompagnent s'adressent à toute personne dont la santé est affaiblie par un environnement toxique, empêchant les fluides vitaux de circuler librement. Elle permet la restauration des circuits par l'activation du chi du cœur.
À réciter matin et soir pendant toute la durée de l'inconfort.

Pour stimuler le chi du cœur :
– sur le chakra du cœur, entre les deux seins, déposer quelques gouttes d'huile végétale[5] mêlée à trois gouttes d'huile essentielle de mandarine. Prendre quelques instants pour s'imprégner de cette délicieuse odeur.
– s'installer confortablement, en position assise ou couchée ;
– se grandir pour étirer toute la colonne vertébrale ;
– ouvrir son cœur en redressant les épaules ;
– placer sa main droite sur le ventre (sur le nombril) et la main gauche sur le cœur ;
– inspirer généreusement, poumons et ventre (compter jusqu'à 5) ;

---

4. NdÉ : Le chi est un fluide non perceptible qui crée et anime l'univers et toute forme de vie, dans les cultures asiatiques.
5. NdÉ : L'huile d'amande douce se prête très bien à ce protocole, mais peut être remplacée par tout type d'huile végétale, dont l'huile d'olive vierge.

– maintenir l'inspiration (compter jusqu'à 2) ;
– expirer lentement (compter jusqu'à 5) ;
– répéter ce cycle cinq fois minimum.

Médecin du ciel, protecteur et éveilleur
Aide mes fluides et flux
À se réguler

Pulsation parfaite dans les tunnels enserrés
Les fluides me donnent souplesse et agilité

Aide-moi à dissoudre les plaques
À disloquer les déchets
Pour que mon corps respire à sa mesure

Emmène-moi sur les sillons de la paix
Où aucun blocage ne viendra freiner ma course

Je me remets entre tes mains
Avec tout mon amour

## Lombalgie

Douleur pointue qui ceintre mon dos
Diminue jusqu'à disparaître
Douleur aiguë qui plaque mon échine
Cesse ton vacarme et libère-moi
J'avance en paix
Dans la souplesse retrouvée

## Diabète de type 1 (AI pour « auto-immune »)
## Diabète de type 2

Je me laisse envahir
Par la douceur de la vie
Harmonie qui me traverse
Réconfort qui pénètre mon intériorité
Merci d'être présentes pour moi, lumières guérisseuses de l'Univers
Je compte sur vous
Pour m'aider à dépasser et à contrôler
Jusqu'aux portes de la guérison

## Prière pour les miracles

Cette prière permet de convoquer en toute sécurité les instances invisibles qui œuvrent pour concourir au bien de l'Humanité. Pour la personne qui récite cette intention, il s'agit d'une profession de foi accompagnée d'un lâcher-prise total. Le miracle n'est pas obligatoire, il intervient quand tous les paramètres sont justes pour l'être.

À réciter deux fois par jour (ou plus si l'on en ressent le besoin), en pensant fortement à la personne en difficulté. Le reste de la journée, poser à l'intérieur du livre sur la prière une photo de la personne malade avec une bougie blanche allumée à proximité le plus souvent possible.

Accueille d'abord toutes les compréhensions
Accepte ensuite l'intelligence de la vie
Accueille avec certitude qu'il existe une logique
Accepte avec humilité de ne pouvoir tout percevoir
Ta demande est-elle juste ?

Tu peux maintenant prier
Pour que l'aura de lumière t'enveloppe
*(ou enveloppe ... nom de la personne)*
Par la force de cette intention
Maîtres, guides et protecteurs
Accordez-moi ce miracle
Que votre flèche d'amour et de vérité
Décochée avec la plus grande précision
Atteigne le mal
Pour le désintégrer, l'annihiler, le transformer

Puissent toutes les armées du bien
Allumant leurs torches à l'unisson
Me guérissent (ou guérissent ... nom de la personne)
De ce qui me (le/la) fait souffrir
Et qu'elles susurrent à mes oreilles
Les conseils avisés
Pour que ce chemin ne soit pas vain
Pour qu'il soit celui de l'avènement
De l'ouverture et de la clarté

## Prévention par dynamisation des médicaments ou compléments alimentaires

Tout médicament ou complément alimentaire va gagner en puissance d'action grâce à cette prière prononcée au moment de l'achat. Ensuite, déposée dans le tiroir des médicaments, elle poursuivra son effet. Pour les thérapeutes réalisant eux-mêmes leurs produits, cette intention peut être couplée avec la prière pour optimiser une préparation de soin.

Équilibre des énergies
Équilibre de la matière

Enzymes et molécules de ce produit (*nommer le produit*)
Circulez en mon être
Gardez-moi en santé rayonnante
Psychique et physique

Grâce à vous
Que mon véhicule terrestre
Accueille mon âme céleste
Pour servir et offrir au monde
Ma perfection unique et nécessaire

## Caillot (prévention)

Aux présences célestes protectrices
Je demande la fluidité sanguine
Jour après jour
Sans détour
Merci

## Embolie pulmonaire (prévention)[6]

Aux présences célestes protectrices
Je demande la fluidité sanguine
Jour après jour
Sans détour
Merci

## Hypertension artérielle

Aidez-moi à adoucir
Aidez-moi à ralentir
Fleur d'angélique, parfum de camomille[7]
Entraînez-moi dans vos univers aux mille merveilles
Aidez-moi à adoucir
Aidez-moi à ralentir

---

6. C'est la même prière que contre les caillots.
7. L'Empereur Jaune fait appel de temps en temps à l'âme des plantes dans ses prières. Il explique qu'invoquer la plante, c'est se connecter à son potentiel de propriétés, efficaces même à distance. Pas besoin d'ingérer une plante ou de l'utiliser en pommade, par exemple, pour qu'elle agisse dans cet espace énergétique différent.

## Infarctus du myocarde (crise cardiaque) (prévention)

J'ai choisi la vie, je vis
Aux protections les plus intenses de l'Univers
J'adresse cette prière
Permettez-moi de choisir à tout instant
Le rythme régulier de la vie
Et d'en profiter
Pour l'amour et le don du partage
Amen

## Troubles du rythme cardiaque

Palpitations, extrasystoles, séquelles d'infarctus du myocarde, effets secondaires de certains médicaments, etc.
Cette prière est à employer comme un mantra. Elle est très courte, pour être apprise par cœur. À réciter autant de fois que souhaité.

Pierre : rhodochrosite portée en collier ou en bracelet.

Ardeur bonheur
Cesse ce vacarme

Que la joie soit ton abri
Promptement et pour toujours

## Insuffisance cardiaque

Aux instances célestes
Je demande de me préserver de l'essoufflement
De me permettre de retrouver ma vigueur
Mon entrain et ma joie dans la vie
Le rythme vital me traverse
Le tempo me transporte
Je vous remercie

## Veines
Phlébite, varices, insuffisance veineuse

Prière à réciter une fois par jour, si possible au moment d'un massage, pour plus d'efficacité.

Je manque d'espace
Mon corps lutte
Et ma tête abandonne

Ange de la circulation
Redonne force et vigueur
Aux fluides merveilleux[8]

Que leur passage soit facilité
Par ta volonté

Merci

---

8. Les fluides merveilleux désignent ici le sang et le plasma.

## Digestion lente et maux d'estomac

Cette prière fait appel à l'esprit de trois plantes aux actions puissantes sur le système digestif. À réciter trois fois de suite au moment des difficultés, une fois avant les repas en prévention en cas de fragilité à ce niveau.

Pierre : corail rouge à poser sur le système digestif à l'endroit de la douleur.

Ô basilic sacré
L'air circule en moi
Libérant les espaces
Permets à ma digestion
De se faire sereinement

Ô menthe délicate
Dissous les peines
Absous les tensions, les crispations
Les contractions, les spasmes

Ô pissenlit joyeux
Offre la libération de la bile
Puissant adjuvant
Permettant le passage
Jusqu'à la fin du processus de transformation

Tout circule en moi
Tout fonctionne en harmonie
Je me sens léger
Mon corps fonctionne pleinement

## Nausée, vomissement

Mantra à réciter en rythme sur la respiration.

Sur l'inspiration :
  Tourne et retourne
  Tourbillon de l'angoisse

Sur l'expiration :
  Tourne et retourne
  Bien vite à ta place

  Aux essences de citron
  Se mêle l'aigremoine
  Tourne refoule
  Je ne veux plus te voir

À réciter cinq fois, à renouveler si la nausée est très forte. Ralentir le débit de la respiration au fur et à mesure.

## Diarrhée

À réciter tel un mantra pendant un massage doux sur le ventre dans le sens inverse des aiguilles d'une montre et/ou plusieurs fois par jour jusqu'à régularisation du transit. Cette prière doit être accompagnée d'un régime alimentaire approprié.

  Par l'esprit de la retenue
  Je te demande
  De cesser l'écoulement
  Instamment

## Prière pour le foie

Imaginer une topaze jaune posée sur le foie, diffusant des ondes de guérison et réciter cette prière.

Colère rentrée
Paroles étouffées
Exprimez-vous
Parlez

Il est temps de vous adresser
À ce qui vous irrite
À ce qui vous hérisse
Pour éviter de vous nuire

## Brûlure d'estomac

Pompiers célestes
Médecins cosmiques
Le feu m'embrase
Tempérez-le
J'ai besoin d'aide
Prenez ce qui irrite, ce qui fait peur
Ce qui m'agite, ce qui augmente ma fureur
Prenez tout
Je suis apaisé(e)

## Migraine

Aux protecteurs dévoués de ma santé
J'adresse cette humble prière
Que la douleur disparaisse
Que le malaise s'évanouisse
Que mon corps retrouve sa vigueur, son énergie
Pour une vie remplie et utile
Merci

## Mal de tête, migraine

À réciter dès le début des symptômes, tel un mantra.

Migraine, céphalée
Pâquerette et menthe des champs
En couronne déposées sur ma tête
Me bercent et m'affectionnent
Tension et douleur
Partez

## Conjonctivite

Prière à réciter dès les premiers symptômes ou au moment des soins.

Lys divin aux gouttes sacrées
Baigne mes yeux de ton sublime nectar
Pour faire fuir l'infection
L'infection de mes yeux

## Migraine ophtalmique

Pulsations, tensions
Alerte pour un recentrage
Je stoppe, je ferme les yeux
J'observe à l'intérieur de moi les signaux
Qu'est-ce que je m'impose ?
Qu'est-ce que je m'inflige qui ne corresponde pas
À la respiration de mon âme ?
Je ferme les yeux
Je me laisse traverser
Par le chant de mon âme
Par le chant de la vie
Merci pour ce temps de pause
Par cette prière, j'invoque
L'aide de mes protecteurs
Pour un soin intemporel
Un soin pour moi
Qui ai besoin d'une pause
Amen[1]

## Trouble de l'attention avec ou sans hyperactivité

À chaque pas, je décroche, je raccroche
À chaque pensée, je décroche, je raccroche
Aidez-moi à saupoudrer sur mon cerveau exalté
La poussière étoilée de la tempérance
Aidez-moi à rester concentré(e)
Aujourd'hui et maintenant

---

1. Mot choisi par l'Empereur Jaune, car il correspond à notre époque.

## Endométriose

Par la voie de la compréhension subtile
Par les aides présentes mais non perceptibles
Je demande à entrer en contact avec mon être profond
Afin de dégager de moi
Tout obstacle à ma réalisation
Que ce travail s'effectue à travers moi, par moi, et pour moi
Amen

## Pneumonie et tuberculose

Par votre intercession, chers anges bienveillants
Je demande que cesse l'inflammation
Que disparaisse l'infection
Pour que le trajet de mon air se libère
En une autoroute dégagée
Que tous les symptômes s'évanouissent
Comme une brume d'hiver dissipée
Je vous remercie d'intervenir très vite
Pour rétablir mon équilibre et ma santé
Merci

## Inflammation

Cette prière peut être énoncée pour tous les états inflammatoires, qu'ils soient chroniques ou aigus. Elle peut être employée seule ou associée à une autre ciblant plus précisément le problème.

Pierre : ambre portée en bracelet.

> Par les énergies terrestres et célestes
> J'implore votre bon secours
> Pour rétablir en moi loi et équilibre
>
> Laissez s'infiltrer la douceur alcaline
> Le manteau satiné
> Abritant mes systèmes acides
>
> Laissez fondre les substances toxiques
> Les impuretés délétères
> Empoisonnant mon temple
>
> Je vous remercie du plus profond de mon être

## Sinusite, nez bouché

Pierre : cornaline portée en pendentif pour les rhumes et sinusites. Mantra léger à répéter autant de fois que souhaité pour retrouver une respiration nasale facile.

> Air de sapin, soin du jardin
> Libère mes chemins
> Pour qu'à nouveau murmure
> Le vent de la Vie

## Rhume

Prière à réciter trois fois par jour jusqu'à amélioration des symptômes.

Eucalyptus, sapin et myrte sauvage
Je vous invoque humblement
Pour faire cesser l'écoulement
Pour libérer les voies aériennes
Pour qu'à nouveau
Le souffle de la vie m'envahisse

Air pur régénérateur de cellules
Transforme et soigne
Transmute et guéris

## Toux

Prière à réciter trois fois par jour jusqu'à amélioration des symptômes.

À toi calament[9] calmant
Je confie la tâche divine
De diriger ton armée
Sur les prétentieux ennemis

Tousse et crache
C'est la dernière fois
Tousse et recrache
C'est bien fini

---

9. Le mot « calament » désigne une dizaine d'espèces de plantes proches de la menthe.

## Bronchite

Par les grâces de l'éther vivifiant
Que microbes et mucus se dérobent
Pour clarifier mes poumons
Je remercie la vie
Pour l'attention qu'elle me porte
Et l'amour que je ressens
Lorsqu'elle aère ma respiration

## Angine

Cette prière doit être prononcée trois fois par jour jusqu'à amélioration.

Pierre : aigue-marine portée en pendentif.

Agonie de mes maux
Survivance de ma répartie
Rien ne m'est impossible
Tout est dit

À partir d'aujourd'hui
Rien qui ne doit sortir
Restera dans mon Panthéon

J'utilise ma sentence
Pour le bien de mon existence

## Asthme

Cette prière est à réciter tel un mantra durant la phase aiguë. Elle est aussi très utile pour aider à stabiliser le terrain et agir en prévention des crises. Dans ce cas, elle sera récitée une fois par jour.

Sagesse infinie
Intelligence de mon corps
Dégage mes bronches
Rends-moi mon souffle

## Allergie respiratoire

Cette prière agit surtout pour la prévention et l'amélioration du terrain de la personne allergique. Elle est à réciter une fois par jour en conscience.

Pierres : aigue-marine et émeraude sur le plexus solaire.

L'Univers est mon gilet de protection
Mon filet de guérison

Ô forces bénéfiques de la nature
Prenez votre place contre le mal

Je respire, je resplendis

## Fièvre

Prière à prononcer au moment des épisodes de fièvre.

Feu guérisseur
Emballant mon cœur et mon corps
Réduis ta puissance
Tout en activant
Les champs d'ondes
Propices au changement

## Grippe

Cette prière est à réciter trois fois par jour jusqu'à amélioration des symptômes.

Que j'expulse
Que je crie
Je récupère mon énergie

Conflit repéré non accepté
Je délivre mon cœur
De ce qu'il a trop réprimé

Élancé(e) sur ma voie
Rien ne m'arrête

Je suis guéri(e)

## Plaie infectée

Cette prière est à réciter au moment des soins jusqu'à amélioration de la situation.

Saint Eusèbe
Par ta droiture, ton dévouement
Et la grandeur de ton âme
Conduis-moi
Sur le chemin de la régénération
Afin que ma plaie
Se referme définitivement
Recouds les bords
Rassemble les chairs
Nettoie les germes
Qu'à jamais se referme
Cette plaie infâme

## Infection nosocomiale

Que la porte d'entrée
Autorisant cet organisme hostile
À pénétrer mon corps
Se referme à jamais
Non sans avoir délogé
L'hôte indésirable
Je retrouve mon être complet
Je me relève et combats fièrement
Je suis en bonne santé

## Cancers, maladies auto-immunes

Cette prière générale est à réciter matin et soir. Elle peut être complétée par celle en lien avec l'organe touché ou les symptômes.[10]

Travailleurs de l'Univers
En charge de cette maladie
Permettez que le corps entier
Retrouve sa logique
Et son habileté à pouvoir lui-même se guérir

Enfant de l'Univers
Je suis aimé(e) et protégé(e)
Pour que ma présence sur Terre
Soit celle d'un avènement heureux

## Méningite

Que la lumière divine, éclatante et intense
Franchisse les barricades de l'inexplicable
Pour sauver mon corps souffrant
Qu'elle efface les commandes erronées
Empêchant le cours de ma destinée
Qu'elle réorganise le programme cellulaire
Pour que la vie habite mon existence
Je suis en vie
Je suis libre et heureux(se)

---

10. NdÉ : se reporter aux volumes *Prières de guérison*, *Prières de soutien* ou *Les Prières de l'Empereur Jaune*.

## Appendicite et péritonite

Urgent
J'ai besoin d'aide et d'attention
J'arrive à saturation
Je ne suis plus en capacité d'absorber
Je m'empoisonne
Urgent
J'ai besoin d'aide et d'attention
Je brandis un « stop » franc et massif
Pour un retour au calme immédiat
Je revis

## Zona

Cette prière est à réciter plusieurs fois par jour, en particulier lorsque les douleurs sont vives.

Pierres : sur les zones douloureuses, poser une pierre d'ambre, d'améthyste et de sélénite.

D'est en ouest, du nord au sud
De la hauteur à la profondeur
Je nettoie, je fortifie
Je barre la route aux imposteurs

Feu violent
Dégage de mon être
Je rétablis mes circuits
Maintenant et pour toujours

## Aphonie, enrouement

Prière à réciter en son for intérieur ou dans un murmure, trois fois par jour jusqu'à ce que la voix revienne.

> Cri étouffé, voix enrouée
> Contraint(e) au silence
> Je m'abandonne
>
> Entendez ma complainte
> Entendez mon impuissance
> Retenez-moi dans votre étreinte
> Et relâchez le fiel
>
> Puisse la voix de mon âme
> Trouver l'accord parfait
> Avec la tonalité de ma vie

## Mal de dent

Cette prière est à prononcer avec une pierre fluorine posée sur la joue à proximité de la douleur. À réaliser plusieurs fois par jour, autant que le besoin se fait sentir.

> Douleur
> Évapore-toi dans l'espace
> Dilue-toi dans le temps
> Extirpe-toi de ma bouche
> Un, deux, trois

## Brûlure légère (1ᵉʳ degré)

Mantra à répéter autant de fois que souhaité ou lors des soins.

Par les saints dévoués
Par la lavande retrouvée
Peau brûlée, peau cartonnée
Reprends ta souplesse et ta douceur

## Brûlure profonde (2ᵉ et 3ᵉ degré)

Cette prière est à réciter en intensif (plusieurs fois dans la journée) et lors des soins.

Ô saints protecteurs, amis de l'Univers
Je fais appel à vous
Pour guérir couche par couche
Ma peau

Feu transi, feu stoppé
L'heure est à la reconstruction couche par couche

Agissez avec efficacité
Pour faire disparaître
Douleur et rougeur
Chaleur et fureur

## Cystite

Cette prière est à prononcer trois fois par jour (ou plus) durant la phase aiguë de la maladie, une fois par jour une semaine sur deux en préventif.
Plante : busserole, à consommer en tisane en préventif et en curatif ou sous d'autres formes (gélules, ampoules...). Les posologies et dosages sont donnés par les fabricants, s'y référer.

Feu de mes envies
Feu de mes désirs
Puis-je exprimer mon besoin
De m'asseoir dans ce territoire

Feu de mes frustrations
Feu de mes empêchements
Rendez-moi les rênes de ma vie
Pour que j'installe ma place
Soutenue par l'angélique
Instamment et puissamment

## Mycose

Aux anges dédiés, porteur du flambeau de la guérison
Aidez-moi à aligner mon cœur et ma raison
Accueillez ma souffrance, mon chagrin, mon impatience
Pour soigner le fil de mes relations
Offrez-moi la confiance, l'optimisme et le temps
Pour un assainissement complet et durable
Merci

## Calculs rénaux

Plantes : orthosiphon, pariétaire, sabline rouge, en tisane, 1,5 litre par jour.

Dans mon sac, je ramasse
Tant de cailloux pour ne pas me perdre

Aigue-marine, écoute-moi

Dans mon sac, ça ressasse
Tant de tracas que je conserve

Aigue-marine, aide-moi
À vider le sac
Pour me reconstruire
À créer une place
Pour une renaissance parfaite

## Coliques néphrétiques
## (lors des douleurs vives)

Cette prière agit comme un mantra que l'on récite plusieurs fois de suite au moment des douleurs.

Laser de guérison
Traverse mon corps
Emporte la douleur
Loin de moi
Loin du corps

## Fracture

Ces trois prières peuvent être récitées au choix pour accélérer le processus de solidification des os après fracture, au minimum une fois par jour. Elles peuvent aussi être apprises par cœur (surtout la 2 et la 3) et prononcées tel un mantra plusieurs fois dans la journée ou lors des soins s'il y en a.

Corne broyée et ortie séchée
Unissez vos forces
Pour lutter avec moi

En pluie de paillettes
Dispersez sur mes os abîmés
Les atours de la consolidation
Paix – Calme – Amour

Ou

Corne broyée et ortie séchée
Par vos forces mêlées
Agissez pour reconstruire mes os
Promptement et durablement

Ou

Pied tordu, main cassée, bras envolé
Que la présence divine inonde mes cellules
Jusqu'à guérison complète

## Entorse

À réciter au minimum une fois par jour. Cette prière peut aussi être prononcée plusieurs fois dans la journée ou lors des soins s'il y en a.

Méli-mélo, fibres entremêlées
Repos et introspection
Sont maîtres de la Cité

Par les anges de la récupération
Lasers de lumière et faisceaux d'amour
Démêlent les fils un à un

Merci

## Covid-19

Anges guérisseurs et saints missionnés
Unissez vos talents pour soutenir en profondeur
Mon organisme épuisé, terrassé
Anges guérisseurs et saints missionnés
L'heure est à vous
Pour agir en peloton
Destitution de l'intrus
Qu'il n'en reste aucune trace
Repolarisation de mon être
Élévation de mon socle d'énergie
Pour parvenir à une guérison complète
Merci

## Arthrite, arthrose, polyarthrite rhumatoïde, rhumatismes...

Prière à réciter matin et soir durant les périodes de crise, une fois par jour en prévention.

Puissent mes articulations *(ou autres systèmes du mouvement)*
Ressentir le confort, la douceur veloutée
Puissent-elles (ils) retrouver souplesse et fluidité

Je délivre mon cœur
De ses retenues envahissantes
Je parle avec ma tête
Plutôt qu'avec mon corps

Rendez-moi ma parole
Et affranchissez-vous

C'est un ordre, partez

## Vertiges

Visualiser devant soi une pierre tourmaline noire, tout en récitant plusieurs fois de suite cette prière.

Tourmaline, « tourmaligne »
Protège-moi des vertiges
Redresse-moi
Et plante en moi
Les racines de la stabilité
Tourmaline, « tourmaligne »
Protège-moi

## Trac

Prière à réciter plusieurs fois avant toute intervention en public avec une goutte d'huile essentielle de laurier noble sur le cou dans le creux des clavicules.

Ô anges de la communication
Et armoise magique
Ouvrez la voie
Au Verbe sacré

Que mon intervention parlée
Soit la vôtre
Aidez-moi à toucher le cœur
Selon votre parfait dessein

## Crise de panique, crise d'angoisse

Ce mantra est à réciter en boucle durant la crise.

Donnez-moi de l'air
Donnez-moi de l'aide
Venez vite à mon secours
Protection, calme et délivrance

## Phobie

Je fais appel à mes forces internes
Inondées par la Source de vie
Je suis capable d'affronter et de dépasser
Je ne suis pas seul(e)

## Dépression

Cette prière doit être récitée trois fois par jour pour insuffler de la vitalité, une fois par jour en prévention des épisodes dépressifs.
Pierres : œil de tigre, tourmaline noire, citrine portés en bracelet ; quartz rose porté dans la poche ou posé sur la table de nuit.

Ô protections divines, célestes et cosmiques
J'en appelle à vos bras tutélaires
Pour me porter vers la lumière
J'en appelle à vos énergies diffuses
Pour m'en instiller la fulgurance
J'en appelle à vos clés parfaites
Pour que je sache déverrouiller les bonnes portes

Ô protections divines, célestes et cosmiques
Répandez en moi l'étincelle du rayonnement
Pour la joie d'être en vie

## Anxiété

Cette prière de la paix est à réciter à tout moment lorsqu'un état anxieux se manifeste ou trois fois par jour pour les personnes en proie à des épisodes aigus pénibles. En prévention, pour stabiliser l'état psychique, elle peut être prononcée une fois par jour le matin ou au coucher suivant la préférence.

Sois en paix, cher... (nom de la personne)
Sois en paix là où les vagues te submergent

Tiens bon le fil d'or de la vie
Ne le lâche sous aucun prétexte
Car autour de toi
Une armée de bienfaiteurs agit
Pour te souffler la paix
Pour t'insuffler l'énergie
Lorsque tu penses que c'est fini
Rien n'est fini dans un tel chaos
Défais ton armure de peurs
Ouvre tes épaules
Et accueille le flux de la vie

Sois confiant(e) pour toujours
Sois certain(e) que le meilleur t'appartient
Les épreuves arrivent
Parfois, tu ne les assimiles pas
Tu ne les comprends pas
Mais nous sommes là
Pour éclairer ta route
Te ramener à elle
Pour ta réalisation complète

Sois confiant(e) dans la beauté de ton âme
Vois la vie comme un cadeau à chaque pas
Accroche à ton cœur mille occasions de bonheur
Et sois en paix

## Terreur nocturne, cauchemar (enfant)

Ce petit mantra aidera l'enfant à se renforcer, à se donner du courage pour se rendormir en toute sécurité. Les parents peuvent le réciter plusieurs fois de suite avec lui.
À partir de 3 ans, il est possible d'appliquer une ou deux gouttes d'huile essentielle de lavande fine sur le drap ou l'oreiller avant l'endormissement (préventif) ou après la terreur nocturne.

> Le courage est mon bouclier
> La confiance est mon épée
> Je me rendors avec sérénité

## Fatigue psychique

Cette prière, tel un mantra, peut être récitée plusieurs fois par jour pour nous aider à surmonter les états de fatigue et nous aider à assurer nos activités quotidiennes.
À coupler avec la prière pour retrouver la foi, l'énergie.[11]

> À vous, esprits des airs
> Infatigables et œuvrant toujours
> Partagez votre vigueur avec moi
> Maintenez-moi dans l'ardeur et la bonne humeur

---

11. Cf. p. 56.

## Insomnie

À réciter au moment du coucher, plusieurs fois de suite si souhaité.
Pierres : quartz rose et améthyste sous l'oreiller.

Je lâche prise
Prenez mon âme et bercez-la
Je m'endors
Prenez soin de moi et protégez-moi

## Trouble obsessionnel compulsif (TOC)

Je trace le mot « confiance »
Sur tous les écriteaux de mon existence
Confiance en moi
Confiance en eux
Confiance en la vie

## Addiction (tous types)

J'ai besoin de force
J'ai besoin de soutien
Maîtres de l'Univers
Aidez-moi, je vous en prie
À tenir bon d'abord
Puis à me stabiliser
À résister
Puis à me contrôler
Grâce à vous
Je me sens capable d'arpenter le monde
Je me fais confiance

## Sclérose en plaques (AI)

Permettez-moi d'ériger l'invincible citadelle
Rempart indestructible
Indéfectible défenseur
Apaisant la maladie
Qui s'exprime à travers moi
J'ai besoin de soutien, de vos grâces subtiles
Pour renverser le programme
Et retrouver le chemin de la confiance
Merci à vous tous, bastion de mes armées

## Acouphènes

Pourquoi masquer la douceur de ma voix ?
Pourquoi embrumer mon esprit jusqu'à me rendre inconnu(e) à moi-même
Je ne reconnais plus mon silence
Je l'envie d'exister à mon insu
Alors, acouphènes,
Aujourd'hui, il ne vous est plus permis
D'habiter mon corps et mes pensées
Détalez et courez à votre perte
Le chemin en commun s'arrête définitivement
Il s'arrête définitivement

## Prière pour une ménopause sereine

Elle permet une autre vision de ce passage et restaure la confiance en son féminin sacré. À réciter dans les moments de perturbation, le matin, autant de jours que souhaité.

Mon appel ne saura rester sans réponse

Votre présence, telle le pas feutré des anges
M'accompagne en ce moment de transition
Mon corps change, se rebelle parfois
M'entraînant dans des sillages inconnus
Perturbant mon esprit vulnérable
Pourtant, j'entends le message
de ce deuxième printemps
M'indiquant une nouvelle voie

Vous me murmurez
Que de nouveaux mondes s'ouvrent à moi
J'entends
Aidez-moi dans ce chemin d'adaptation
Aidez-moi à me défaire
Des projections d'une société mal informée

La ménopause n'est pas la mort
Elle est l'opportunité enfin saisie
De libérer mon énergie glorifiée
D'arborer ma couronne de sagesse
D'offrir en partage ma connaissance

Puissent les inconforts cesser
Dans la compréhension
Et l'accompagnement de mon être

Puisse la joie exister
Dans l'amour
Et la solidarité pour chaque être

## Herpès

Prière à réciter à chaque soin. Cette prière peut être utilisée en prévention, une fois par jour.

Pleurs, sanglots et cris rentrés
Plus de larmes, plus d'exhibition
Cessez le spectacle affligeant
De votre souveraineté déchue

Par la pleine force
Du Seigneur lumineux

## Prévention des récidives

Après un épisode de maladie, la personne récitera cette prière une fois par jour, le matin, pour améliorer sa convalescence ou prévenir les récidives. La durée d'utilisation de la prière sera fonction de l'intensité du mal, allant de quelques jours à quelques semaines.

Que cette maladie
Expression de mon ressenti
Trouve la voie de la sortie

Qu'à jamais, elle reste endormie
Qu'à jamais, elle me laisse du répit

Je suis empli(e) de gratitude envers la vie

Signalons également cette autre prière sur le sujet des récidives :

## Pour éviter les récidives

En ce nouveau jour béni
Je remercie toutes les instances du Ciel
Me permettant d'être en vie
Et équilibrant tous mes systèmes dans leur fonctionnement
Je suis heureux(se), en paix et stable


## Prévention par dynamisation de l'eau

Cette prière permet de purifier l'eau. Il est intéressant de la prononcer lorsque nous mettons l'eau en carafe. Cette dernière peut être posée sur la prière elle-même en permanence. De plus, elle apporte un effet supplémentaire pour la gestion de l'eau durant les voyages. Attention, elle ne dispense pas de la traiter convenablement par les moyens habituels.

Principe de vie essentiel
Libère ta pureté

Que ton pouvoir alchimique soit ta force
Inondant les composants de mon corps

Qu'il soit mon temple, mon refuge

## Prévention par l'alimentation

La manière dont nous préparons nos aliments pour les consommer influence leur taux vibratoire. La nourriture que nous mangeons s'imprègne de l'énergie véhiculée lorsque nous cuisinons. Comme il a été prouvé que les molécules de l'eau réagissent à la force vibratoire des mots, il en est de même pour tout ce que nous absorbons.
Cette prière très courte, à prononcer une fois, permet de poser un dôme de protection sur le repas tout en participant à la santé globale des individus s'apprêtant à le consommer.

> Que ce repas coloré d'amour
> Distribue santé et vigueur
>
> Que ce repas consommé en harmonie
> Nourrisse organes et cellules
> Pour le maintien primordial de la vie

## Activation du thymus
## (renforcement immunitaire)

Cette prière comporte une action sur le renforcement du système immunitaire. À réciter une fois par jour, le matin, deux semaines par mois en prévention. Lors d'un épisode de maladie, elle peut être ajoutée aux autres prières plus ciblées sur les symptômes.
Pierre : aigue-marine à porter en pendentif sur le thymus (entre le creux des clavicules et le milieu du sternum).

Pulse, pulse la vie
Gorge-toi d'un sang propre

Pulse, pulse le rythme
Des cellules guerrières affairées

Que le feu ardent
Soit attisé et combatif

Escadrons en place
Ordre et plénitude

## La puissance énergétique

Cette prière, à prononcer quand on le souhaite, augmente le taux vibratoire et le rayonnement de l'aura.

La matière, vibrante d'amour
Rayonne, rayonne encore

Le rire enchanteur de mes cellules
Propage la douceur et l'innocence

À la pleine réalisation de mon être
Je confie le soin
D'irradier la planète
Pour le bien de tous
Pour le bien de l'Univers

## Favoriser le travail de l'accouchement

C'est aujourd'hui que les étoiles viennent toucher la Terre
Alors, j'accueille
Transfert des mondes, miracle de la vie
Mon corps est un temple dédié à l'amour
Porte du passage offerte
Canal de transition détendu
Bébé choisit sa pente
Et moi, j'accueille
Aujourd'hui, les étoiles communiquent à la Terre
Qu'une nouvelle vie vient de naître

### Crevasse

Que le feu de mes blessures
S'éteigne et guérisse
Qu'il disparaisse au rang des souvenirs
Effacez mes craintes
Pour que mon allaitement se poursuive
Douleur dissipée, sérénité retrouvée

### Engorgement mammaire

Je porte la confiance en mes capacités
À nourrir mon bébé
Avec abondance et sans nécessité
Tout est juste, régulé et sans excès
Le passage est libéré
Les flux s'écoulent à merveille
Tout est bien
Amen

## Allaitement

Favoriser la lactation
Ouvrez les robinets célestes
Pour que jamais ne tarissent
Les sources du lait nourricier
Que ma lactation soit prospère et généreuse
Je suis emplie de gratitude

## Dépression post-partum

Délivrance obligée d'une symbiose partagée
Mon corps se relève d'une aventure unique
Il s'équilibre à nouveau sans penser à la perte
Je me sens pleine dans le regard de mon enfant
Je me sens vivante allaitant mon bébé
Tu n'es plus en moi mais tu vibres de ta propre liberté
Je suis là pour moi
Je suis là pour toi

## Fibromyalgie et syndromes douloureux chroniques

Douleurs incessantes, fulgurantes, imprévisibles
Faiblesse qui m'envahit sans que je puisse réagir
Dégagez de mon être
Rendez-lui sa souplesse
C'est la joie qui m'anime
Lorsque mon corps est silencieux
Je veux faire entendre ma voix
Pour une symphonie sans limite

## II. La croissance spirituelle

### Prière pour le jour qui se lève

Cette prière est destinée à éveiller l'âme au commencement d'une nouvelle journée. Elle permet de s'emplir d'énergies positives, de s'en remettre aux plus hautes sphères et de rendre grâce.
À réciter le matin au réveil, face au Soleil ou en direction du soleil levant si l'on ne peut l'apercevoir.

Ô jour précieux qui se lève
Accueille mon être en éveil
Irradie mon corps et mon âme
De ton énergie dynamisante

Permets-moi d'accomplir la volonté divine
À travers mes pensées, mes paroles et mes actes

Que mon être soit ouvert
Au passage de la Source
Avec confiance et lâcher prise

Tout a une direction
Et je prends le chemin
Le plus juste

## Prière pour développer l'intuition

Cette prière est adaptée pour toute personne souhaitant développer son intuition et son acuité à percevoir les éléments impalpables.
À réciter matin et soir durant une période de dix jours. À renouveler si besoin.

Le Ciel et la Terre ne font qu'un
L'en-haut et l'en-bas sont frères
Mon esprit ne connaît plus de mesure

L'information illimitée me parvient
Je place ma main
Sur la rampe lumineuse

Ô anges facilitateurs, assurez ma protection
Tenant à distance
Les âmes égarées et autres parasites
Dans l'orchestre de mon être

Reste à accorder le cœur
Telle une boussole fiable
Il saura me guider
Avec justesse et droiture

## Prière pour retrouver la foi, l'énergie

Cette prière est à prononcer par toute personne qui se sent déstabilisée, bousculée dans ses repères, ayant perdu confiance en elle et en la vie. Elle permet de se raccrocher à l'énergie divine pour retrouver sens et vigueur dans sa vie.
À réciter matin et soir durant un minimum de dix jours. Renouveler si nécessaire.

> Ô clarté céleste
> Toi qui engendres la vie
> Ta force se répand en moi
> M'inonde et me canalise
> Elle attise mes pensées
> Semant joie et amour
>
> Redonne-moi la foi en ta puissance
> Permets-moi de guérir de ce qui doit mourir
> Car ce n'est pas toi, ce n'est pas moi
>
> Protège-moi des abîmes obscurs
> Rapproche-moi de la rive salvatrice
> Place devant moi les phares de la sagesse
> Et romps le pacte de l'illusion
> Pour qu'enfin j'existe
>
> Donne-moi le courage de puiser en toi
> L'oxygène de la vie
> Entoure-moi solidement de tes bras enchanteurs
> Je ne trouve refuge qu'en toi
> Je mérite pleinement que tu prennes soin de moi
> J'accepte que ton énergie enthousiaste
> Installe la paix en moi
> Merci

## Prière pour la volonté, la détermination (activation du chi du rein)

Cette prière et les exercices qui l'accompagnent s'adressent à toute personne désireuse de renforcer sa volonté et sa détermination. Elle permet l'activation du chi du rein.
À réciter le matin au réveil jusqu'à percevoir un mieux-être.

Pour stimuler le chi du rein :
– masser les plantes des pieds avec quelques gouttes d'huile végétale et trois gouttes d'huile essentielle de romarin des montagnes et de laurier ;
– s'asseoir sur le bord d'une chaise ;
– se pencher légèrement en avant et placer ses mains au-dessus des reins, les doigts au niveau de la colonne vertébrale. Il faut sentir ses pouces sous les dernières côtes ;
– inspirer profondément par les reins comme si l'on voulait déplacer les mains. Tout l'espace abdominal est gonflé ;
– expirer en le vidant ;
– réaliser l'exercice durant deux à trois minutes.

Forces de l'invisible en puissance
Offrez-moi votre ténacité infaillible
Faites que de mol(le)
Je devienne inébranlable

## Prière pour la vue claire
## (activation du chi du foie)

Cette prière et les exercices qui s'y rattachent est préconisée lorsque l'on veut gagner en perception juste des situations. Les personnes qui s'en imprègnent ont à cœur d'être les plus efficaces possible dans leur analyse, tout en soumettant leur jugement à la Source.
À réciter matin et soir en ayant à l'esprit la situation. Cesser dès que la vision est claire et que les décisions s'entrevoient.

Pour stimuler le chi du foie :
– appliquer quelques gouttes d'huile végétale mêlée à trois gouttes d'huile essentielle d'angélique sous les côtes en regard du foie et imaginer sur cette zone un paysage net et agréable ;
– respirer calmement ;
– puis effectuer cet exercice de respiration : debout ou assis si l'on connaît bien l'exercice, prendre un point fixe à quelques mètres devant soi ;
– inspirer profondément par le nez et le ventre ;
– souffler d'un coup sec et maîtrisé, comme si l'on voulait décocher une flèche sur notre cible. La force vient de l'abdomen et non des poumons ou du cou ;
– attendre que l'inspiration suivante se manifeste spontanément tout en restant détendu et répéter quatre fois l'exercice ;
– l'ensemble de la session peut être reproduite trois fois à la demande.

Âme guerrière
Cesse de lutter pour l'évanescence
Mets-toi en position et prie :

Ô Univers merveilleux
Sagesse ancestrale
Je me connecte à toi
Afin que tu m'offres le discernement

Ma vue perçante
Déchire le voile de l'illusion

Le panorama de la vérité me fait face
Que chaque vision soit la tienne
Conforme au plan divin
Guide-moi pour reconnaître
Les atours séduisants
De la peur et de l'interprétation faussée
Que ma perspicacité soit ma flèche

## Prière pour les bons choix

Cette prière s'adapte aux personnes hésitantes, peu sûres de leurs capacités à faire des choix. Elle permet la lucidité et la mise à l'écart de l'ego.
À réciter deux fois par jour tant que dure l'indécision.

Guides supérieurs du monde céleste
Anges de bonté et de générosité
Je me place à vos côtés
Pour écouter

Aidez-moi à reconnaître
Avec perspicacité

Aidez-moi à opter
Pour la meilleure solution

Aidez-moi à embrasser
Tous les possibles
Avec raison et sans regrets

Que ce choix soit en accord
Avec les lois de l'Univers
Pour magnifier mon être
Et l'aider dans sa réalisation

Merci

# Prière pour l'ancrage et la concentration

Cette prière s'adresse à toute personne qui présente des difficultés de concentration ou d'ancrage. Elle permet de se stabiliser et de restaurer les compétences pour une meilleure adaptation à l'environnement. Elle peut être largement employée avec les enfants présentant des troubles attentionnels.
À réciter le matin au réveil pour un début de journée en conscience. À répéter jusqu'à apaisement des symptômes.

Que mon esprit arrête sa course
Qu'il se place sur son trône
Maître de ses turbulences
Calme et présent au monde

J'écoute et observe
Tous mes sens sont en éveil

Je suis les rails de la persévérance
Je conduis le train de l'endurance
et de la constance
Pour atteindre la gare de mes objectifs

## III. Les sentiments

### Prière pour les émotions

Ange céleste, maître de paix
Quel est ce vacarme qui gronde au fond de moi ?
Je me suis égaré de ma condition infinie
Celle qui maîtrise la connaissance en toute chose

J'ai besoin de me recentrer
De me reconnecter à l'âme
Qui habite cet espace corporel

Je ne suis pas la pensée, fulgurante et impulsive
Je suis la sagesse, la tempérance
Illumine chaque parcelle de mon esprit
Avec tes lampions de lucidité
Pour que je ne confonde pas ego et vérité
Détache avec moi
Les lianes de colère, de tristesse ou de rancœur
Car elles enserrent mon âme et l'étouffent

J'ai besoin de toi, ange précieux
Pour me faire connaître mes faux pas
Les émotions que je ressens
Ne sont qu'une interprétation
D'autres joueraient ce rôle bien différemment
Alors, je choisis ta voix pour écouter
Ta voix pour m'exprimer

## Prière pour la tristesse

Cette prière est efficace pour toute personne ressentant un épisode de tristesse ou de déprime passagère. Elle redonne confiance.
À réciter autant de fois que désiré dans les épisodes de tourmente (deux fois par jour minimum, matin et soir).

>Mon corps est une tristesse
>Gémissant, s'égarant
>Dans les limbes oubliés de mon cœur
>L'abîme est grand, les parois trop lisses
>Tu me l'as dit un jour :
>« Surtout ne pas sombrer »
>
>Donne-moi l'indispensable élan
>Pour soigner mon âme blessée
>Soutiens-moi tel l'ami constant
>Grâce divine imperturbable
>
>Prends soin de moi
>Dans cet instant tourmenté
>Place devant moi les pas éclairés
>Dans lesquels je marcherai
>Vers le renouveau

## **Prière de détachement
(pour les personnes)**

Cette prière est destinée aux personnes ne parvenant pas à se détacher d'une relation. Elle permet de se décentrer et de canaliser son énergie vers d'autres buts.
À réciter deux fois par jour, en s'aidant d'une photo de la personne seule si besoin. À renouveler autant de fois que nécessaire.

Mon Père, ma source de vie
Par cette prière, je te demande de m'aider
A me détacher de celui/celle
Qui m'a amarré(e) à lui/elle

Ses cordages sont serrés
Mais grâce à toi, je peux les rompre
Afin de retrouver le plein contrôle de mon être

Il/Elle ne contrôle plus ma vie
Ni mes pensées
Il/Elle est individu
Prenant son envol vers d'autres sphères
d'autres relations
Et moi, je me relie à toi pour fusionner
Je ne garde en moi que le meilleur
Que les souvenirs que je fais grandir

Je n'arrose que les fleurs du bonheur
Afin de me créer un espace joyeux
Le reste s'envole avec cette prière
Et la lumière emplit l'espace qui se libère

Je suis un/une avec moi-même
Je suis fier/fière de moi et de mon accomplissement
Je peux fonctionner
Comptant sur mes ressources internes puissantes

Je te remercie

## Prière de détachement
## (pour les situations)

Cette prière s'adresse aux personnes en proie à une situation qui leur paraît inextricable. Malgré tous leurs efforts pour s'en détacher, elle continue de distiller en eux de mauvaises pensées, des comportements inadaptés ou souffrants.
À réciter deux fois par jour en conscience jusqu'à mieux être par rapport à la situation :

Mon Père, ma source de vie
Par cette prière, je te demande de m'aider
À me détacher de cette situation
(citer brièvement la situation)
Qui m'a amarré(e) à elle

Ses cordages sont serrés
Mais grâce à toi, je peux les rompre
Afin de retrouver le plein contrôle de mon être

Elle ne contrôle plus ma vie
Ni mes pensées
Je me relie à toi pour fusionner

Je n'arrose que les fleurs du bonheur
Afin de me créer un espace joyeux
Le reste s'envole avec cette prière
Et la lumière emplit l'espace qui se libère

Je suis un(e) avec moi-même
Je suis fier(e) de moi et de mon accomplissement
Je peux fonctionner
Comptant sur mes ressources internes puissantes

Je te remercie

## Prière contre la jalousie

Cette prière s'adresse à toute personne en proie à des sentiments de jalousie. Elle permet de relativiser et de projeter des pensées d'amour.
À réciter lorsque le cœur s'étreint, en toute conscience. Si le mal-être est diffus, augmenter les prières au rythme de deux fois par jour. Cesser lorsque le sentiment de jalousie a disparu.

Ô maître de sagesse
Mon être est disloqué
La jalousie me ronge
Et je ne me retrouve pas

Le labyrinthe étroit
Entortille ses lacets infernaux
Et la sortie ne m'apparaît plus

Ma vision est déformée
Ma pensée s'est enfermée
Je veux quitter cette prison des émotions

Permets-moi de prendre mon envol
D'observer et de canaliser
Pour explorer la terre fleurie
De mes sentiments les plus purs

## Prière pour dénouer une relation conflictuelle

Cette prière est destinée à toute personne qui se sent prisonnière d'une situation conflictuelle. Par ces mots, elle témoigne d'un désir profond de s'engager dans une relation de respect et de paix. À réciter deux fois par jour, matin et soir, en visualisant la personne concernée ou avec l'aide de sa photo, jusqu'à résolution du conflit.

Qui vois-je ? Que vois-je ?
Puissé-je prendre de la hauteur
Et m'exiler un instant
Découvrir dans mon être profond
Les raisons de la passion

Est-ce possible de partager
Doutes, colère, ressentiments ?
Est-il pensable d'y mettre un peu d'amour ?

Ma volonté est de développer en mon cœur
Compassion, compréhension et discernement

Tel l'aigle affairé à la chasse
Je poursuis mon objectif
Celui de ne pas blesser
Tout en sachant m'exprimer

Chères protections divines
Faites que de pensées éphémères
Mes résolutions frayent un chemin
De réconfort et de paix

## Prière pour la peur

Cette prière est à utilisée par toute personne en proie à des sentiments de peur. Elle permet de retrouver calme et apaisement. Elle peut s'employer auprès d'enfants, car, même si elle est difficile à comprendre, les mots joueront leur rôle de guérison.
À réciter sur l'instant ou une fois par jour s'il s'agit d'une impression diffuse. À renouveler autant que souhaité jusqu'au mieux-être.

La peur m'étreint
Elle m'envahit
Me réduit à néant
Quel est son message ?
Quelle évidence veut-elle que je regarde ?

Dans mon monde intérieur
Je me réfugie
Un dôme protecteur et solide
Délimite mes espaces

Ô merveilleux guides de l'infini
Freinez mon esprit vagabond
Ordonnez-lui de s'asseoir bien sage
Et de contempler la vie

Je m'arrête et dépose
Sur l'écran de mon avenir
Les prémisses de la métamorphose

# IV. Les âges de la vie

## Prière pour l'accueil d'une nouvelle âme

Cette prière s'adresse à toute personne souhaitant placer une naissance sous les meilleurs auspices. Elle permet accueil et protection de l'enfant.
À réciter le matin à la convenance et au rythme de chacun.

> Une nouvelle âme
> Au pétillement de la vie
> A choisi de germer
> Comme un lever de soleil tout neuf
> Un printemps heureux tant attendu
>
> Que ces nouvelles cellules frémissantes
> Battent d'un même unisson
> Amenant sur Terre
> Un petit être tout menu
>
> Que les protections divines
> Ouvrent leurs parachutes de soie
> Pour une existence dorée et colorée
>
> La guilde éternelle des anges dévoués
> Déroule son tapis de bienvenue
> Et attise une par une
> Les lumières féeriques de l'amour

## Prière pour les stades de l'enfance

Cette prière s'adresse aux parents souhaitant aider leurs enfants à passer les caps de l'enfance. Elle permet acceptation et dépassement de soi pour grandir en sécurité.
À réciter une fois au réveil le temps de la période de perturbations. La photo de l'enfant peut être posée à l'intérieur du livre sur la prière durant la journée.

Je grandis
Bientôt je serai un homme (ou une femme)
Vois comme je m'étire, comme je m'élance
Aide-moi à franchir les rocs
Les montagnes invincibles
Aide-moi à franchir
Les lacs frémissants
Les océans indomptables
Ouvre avec moi la malle aux trésors inédits
Raconte-moi encore les merveilles qui m'habitent

En moi coule la source du bonheur
Claironnant dans son tumulte arrogant
Que je suis valeureux(se) et foisonnant(e)

Je franchis les étapes de la vie
Je suis confiant(e) et rassuré(e)

## Prière pour les adolescents

Cette prière s'adresse à toute personne désireuse d'aider un adolescent à progresser dans les stades d'évolution vers l'âge adulte. L'adolescent lui-même peut réciter cette prière dans les moments de doute et d'incompréhension.
À réciter le matin pendant toute la durée de la perturbation. La photo de l'adolescent peut être posée à l'intérieur du livre sur la prière durant le reste de la journée.

Étape décisive dans mon corps changeant
Mes repères bougent
Et je ne me reconnais plus
Tantôt effervescent, tantôt recroquevillé
J'attends que s'installe en moi
Les piliers de ma vie
J'ai besoin de force et d'audace
Je ne sais pas toujours comment dire
Alors écoute le chant timide de mon cœur
Puisses-tu lui offrir en écho
La récolte de tes expériences
J'appelle qui je suis
Je ne sais pas qui répond

Dans cette aventure bouleversante
Appose tes joyaux d'amour
Pour me rendre stable et paisible

# V. La vie professionnelle

## Prière pour la vocation

Cette prière est à utiliser par toute personne hésitant sur son chemin de réalisation et souhaitant se rapprocher des vœux de son âme. Elle permet de sécuriser les chemins de réflexion et de libérer l'intuition pour lui faire confiance.
À réciter une fois par jour le matin durant la période souhaitée.

Telle la fleur frétillante, prête à éclore
Je cherche ma voie
À l'appel de mon destin

Faites pleuvoir sur moi
Les gouttes du discernement

Fermez les parapluies
Pour que je sache regarder

Chaque perle de pluie
Reflète un message
Celui que vous avez pour moi
Pour réaliser au mieux ma vocation

Merci

## Prière pour consacrer un projet

Cette prière est destinée à toute personne désireuse de placer un projet sous le signe de la réussite.
À réciter au moment du lancement du projet ou tout au long de sa réalisation selon ses souhaits.

Que ce projet
Abouti sous les meilleurs auspices
Reçoive la consécration qu'il mérite
Qu'il soit guidé par
La reconnaissance
Le succès
La prospérité

# VI. L'autre rive

## Prière pour âmes en perdition

Cette prière est à réciter pour les âmes décédées dans des conditions traumatiques.
À prononcer lentement mais avec ferveur, à la nuit tombée durant trente jours.

Enfermer dans la tombe les bourgeons amers
Les fleurs avortées
Les soleils noirs

Brûler dans le feu
Les scories invisibles de l'enfer
Les actions délétères
Les manteaux d'égoïsme

Par cette incantation, Grande Source divine,
Je t'implore d'aider l'âme de … (nom de la personne)
Courageuse et volontaire
Pour qu'à chaque pas
Elle suive le firmament de sa rédemption
Que les éclairs deviennent des étoiles de chance
Que le vide se comble d'amour
Que cette âme se recharge de l'énergie divine

Par cette incantation, Grande Source divine,
Je te remercie de veiller
À ce que jamais elle ne rencontre
Les êtres infâmes

Je te remercie de l'emmener au son
de ta douce mélodie
Pour une harmonie éternelle

## Prière pour le moment de l'envol

Cette prière spéciale est destinée à toute personne en présence d'une âme qui s'envole. Elle permet d'agir sur l'instant, pour aider l'âme à réaliser qu'elle quitte la Terre, pour la guider vers les meilleurs stades d'évolution.
À réciter dans les instants qui suivent le décès, lentement, autant de fois que la personne accompagnante le ressent.

C'est le moment de l'escorte finale
De la reconnaissance du passage

Âme gracieuse livrée à son envol
Vois comme tu es accompagnée

Tu t'évapores, tu t'élances
Et dans les bras de ceux qui t'aiment
Se dégagent les parfums de l'amour éternel

Sens comme tout est différent
Oui, tu es libéré(e) de tes chaînes
Des entraves de ton corps
Et pourtant tu existes toujours

Vois comme le ciel est vaste
Entends la louange des anges et repose-toi
Il te faut admettre que tu es mort
Mort d'un corps devenu inutile
Mais tellement riche dans l'âme

Tu es léger, si léger
Et pourtant si présent
Reste conscient malgré les changements

Absorbe la transformation
Tu vis la mort
Comme le papillon vit la métamorphose

Tu oublies ton corps
Mais ton âme reste intacte
Tu oublies ta terre
Mais tu gardes le souvenir des tiens

Tout est calme désormais
Tout est silencieux
Tu baignes dans la lumière éclatante et douce

## Prière d'accompagnement à la mort

Cette prière inestimable est un cadeau offert à la personne sur le départ. C'est un réel accompagnement, comme la main de l'adulte réconfortant qui enveloppe celle de l'enfant apeuré. Elle permet d'orienter le chemin vers la lumière et les meilleures entités de soutien. Elle s'adresse à toute personne en contact avec un mourant et désireuse de l'aider à un envol serein.
À réciter dans les derniers instants avec ou sans la personne, autant de fois que souhaité. Cette prière gagne en puissance lorsqu'elle s'effectue à plusieurs, dans une ambiance feutrée, douce et parfumée de bougie et d'encens. Certaines personnes apprécient la musique sacrée. Sachez créer l'environnement sécurisant qui lui convient.

> Guides, anges, archanges
> Âmes voyageuses des sphères lumineuses
> Quelle que soit votre nature
> Quels que soient vos horizons
> C'est avec insistance que je vous demande
> De prendre soin de … (nom de la personne)
>
> Je vous prie pour que vous embrassiez cette âme
> De tout votre amour
> Que celui-ci soit mille fois puissant
> Mille fois irrésistible
> Afin que l'âme de … (nom de la personne)
> Ne soit attirée que par la lumière

Aux odeurs d'encens
Se mêlent celles des arbres centenaires
Ceux qui ont vu, senti, entendu tant d'histoires

Que la sagesse du monde, connaissant la roue
De la vie et de la mort
Permette à ... (nom de la personne) de passer de l'une à l'autre
En douceur, en extase

Que toutes ses qualités s'envolent avec lui
Afin de fleurir son âme et son cœur futur

Emmenez-le, si telle est la destinée
Emmenez-le vers les cieux accueillants
Laissant derrière pleurs et attachements

Prenez soin de lui / elle
Prenez soin de cette âme sur le départ
Je la remets entre vos mains
Pour l'éternité

# VII. Les animaux

## Prière pour un animal malade

Cette prière s'adresse à toute personne souhaitant favoriser la santé de son animal.
À réciter une fois par jour durant toute la durée du traitement et de la convalescence de l'animal. Il est possible de laisser la photo de l'animal à l'intérieur du livre sur la prière le reste de la journée.

Ô anges des animaux
Prenez soin de ... (nom de l'animal)
Malade et affaibli

Passez vos pommades célestes
Sur son corps sans énergie
Administrez-lui les pilules de tendresse
Pour que bien vite
... (nom de l'animal) soit sur pattes
Vigoureux et joyeux

# VIII. Les lieux

## Prière pour purifier un lieu

Cette prière s'adresse à toute personne désireuse de purifier un lieu. Elle permet le dégagement des entités résiduelles toxiques et la restauration d'une énergie pure à l'intérieur du lieu.
À réciter une fois avec le protocole de purification.
Renouveler l'ensemble du protocole si besoin.

Protocole de purification à réaliser en même temps qu'est prononcée la prière :
– faire un bouquet de fumigation avec de la sauge blanche et du romarin ;
– effectuer de grands gestes avec le bouquet pour bouger les énergies du lieu en partant des coins, puis en ayant des mouvements de haut en bas et sur les côtés ;
– laisser la pièce fermée jusqu'à ce que les fumées cessent ;
– ouvrir pour aérer et faire des courants d'air si possible. Terminer le soin en faisant brûler un encens de résine (myrrhe) par exemple pour réénergétiser le lieu ;
– renouveler l'opération si le lieu est très chargé.

Aucune ombre, aucun reflet
Aucune trace
Que ce lieu unique vibre pour lui-même
Sain et débarrassé de ses parasites indolents
De ses êtres en errance

Les fumées des plantes guérisseuses
Enferment les indésirables énergies
Et pansent les plaies
Des auras défraîchies

Ce lieu pulse d'amour
Et m'accueille à son autel
Pour une épopée nouvelle
Avec santé et protection

# IX. Les plantes

## Prière pour la croissance des plantes

Cette prière s'adresse à toute personne sensible au bien-être des plantes. Elle aidera à stimuler la croissance et à limiter l'apparition des maladies ou des parasites.
À réciter au moment de la plantation ou en cas de faiblesse de la plante.

Être vivace en éveil
Branches (ou tiges) dynamiques

Racines impatientes
De propulser leur sève vivante

J'en appelle à toutes les énergies subtiles
Pour t'insuffler santé et croissance vigoureuse
Ainsi soit mon plan

## La crise suicidaire
## (accompagner la désespérance)[12]

Je me sens mal
La vie n'a plus de saveur
Je me sens mal
J'appelle à l'aide

J'ai besoin du collier céleste de l'amour
De la force cosmique de la volonté
Pour me tirer et me porter

À tous mes anges protecteurs
Je demande de m'aider à ne pas sombrer

Offrez-moi la lumière en cadeau
Sa chaleur et la clarté du discernement
Sortez-moi des sillages silencieux et infernaux
Par la puissance glorieuse de la vie

Que le châle de la protection soit mon abri
Que la beauté de la vie caresse mon âme
Pour faire fuir la douleur d'exister
Que la douceur atteigne mon cœur
Pour me donner la certitude de la foi

Foi en ce que je suis de meilleur(e)
Confiance infinie en mon courage
Je suis en vie

---

12. Nous avons demandé cette prière à l'Empereur Jaune à la toute fin, lorsque la mise en page de ce livre était déjà réalisée, d'où son placement ici. Symboliquement, n'est-ce pas beau de terminer par « Je suis en vie » ?

# X. Vos prières de l'Empereur Jaune

Nous avons pris le soin de choisir la sélection la plus large de prières, soit 114 au total (sur 256), mais s'il en manque par rapport à vos besoins spécifiques, vous pouvez la recopier ici ou sur les pages blanches du livre, soit à partir des autres volumes ou du volume complet (IV), soit via notre chaîne www.novimondi.tv (en accès libre pour nos abonnés).

# Table des matières

| | |
|---|---|
| Introduction | 4 |
| Prier | 5 |

## I. La santé

| | |
|---|---|
| Accident vasculaire cérébral (AVC) | 10 |
| Acouphènes | 46 |
| Activation du thymus (renforcement immunitaire) | 50 |
| Addiction (tous types) | 45 |
| Allaitement | 53 |
| Allergie respiratoire | 29 |
| Angine | 28 |
| Anxiété | 42 |
| Aphonie, enrouement | 34 |
| Appendicite et péritonite | 33 |
| Arthrite, arthrose, polyarthrite rhumatoïde, rhumatismes... | 40 |
| Asthme | 29 |
| Bronchite | 28 |
| Brûlure d'estomac | 22 |
| Brûlure légère (1$^{er}$ degré) | 35 |
| Brûlure profonde (2$^e$ et 3$^e$ degré) | 35 |
| Caillot (prévention) | 17 |
| Cancers, maladies auto-immunes | 32 |
| Calculs rénaux | 37 |
| Circulation des fluides | 12 |
| Coliques néphrétiques (lors des douleurs vives) | 37 |
| Conjonctivite | 23 |
| Covid-19 | 39 |
| Crevasse | 52 |
| Crise de panique, crise d'angoisse | 41 |
| Cystite | 36 |
| Dépression | 42 |
| Dépression post-partum | 53 |

| | |
|---|---:|
| Diabète de type 1/ Diabète de type 2 | 14 |
| Diarrhée | 21 |
| Digestion lente et maux d'estomac | 20 |
| Douleur | 8 |
| Embolie pulmonaire (prévention) | 17 |
| Endométriose | 25 |
| Énergies nocives | 10 |
| Engorgement mammaire | 52 |
| Entorse | 39 |
| Épilepsie | 8 |
| Éviter les récidives | 49 |
| Fatigue psychique | 44 |
| Favoriser le travail de l'accouchement | 52 |
| Fibromyalgie / syndromes douloureux chroniques | 53 |
| Fièvre | 30 |
| Foie | 22 |
| Fracture | 38 |
| Grippe | 30 |
| Hémorragie | 10 |
| Herpès | 48 |
| Hypertension artérielle | 17 |
| Infarctus du myocarde (crise cardiaque) | 18 |
| Infection nosocomiale | 31 |
| Inflammation | 26 |
| Insomnie | 45 |
| Insuffisance cardiaque | 19 |
| Lombalgie | 13 |
| Maintien en santé | 6 |
| Mal de dent | 34 |
| Mal de tête, migraine | 23 |
| Méningite | 32 |
| Ménopause sereine | 46 |
| Migraine | 23 |
| Migraine ophtalmique | 24 |
| Miracles | 14 |

| | |
|---|---:|
| Mycose | 36 |
| Nausée, vomissement | 21 |
| Otite (enfant) | 8 |
| Pensée créatrice en santé | 7 |
| Phobie | 41 |
| Plaie infectée | 31 |
| Pneumonie et tuberculose | 25 |
| Prévention des récidives | 48 |
| Prévention par dynamisation de l'eau | 49 |
| Prévention par dynamisation des médicaments ou compléments alimentaires | 16 |
| Prévention par l'alimentation | 50 |
| Puissance énergétique | 51 |
| Rhume | 27 |
| Santé d'un proche | 9 |
| Sclérose en plaques | 46 |
| Sinusite, nez bouché | 26 |
| Terreur nocturne, cauchemar (enfant) | 44 |
| Toux | 27 |
| Trac | 41 |
| Trouble de l'attention avec ou sans hyperactivité | 24 |
| Trouble obsessionnel compulsif (TOC) | 45 |
| Troubles du rythme cardiaque | 18 |
| Veines | 19 |
| Vertiges | 40 |
| Zona | 33 |

## II. La croissance spirituelle

| | |
|---|---:|
| Prière pour le jour qui se lève | 54 |
| Prière pour développer l'intuition | 55 |
| Prière pour retrouver la foi, l'énergie | 56 |
| Prière pour la volonté, la détermination (activation du chi du rein) | 57 |
| Prière pour la vue claire (activation du chi du foie) | 58 |
| Prière pour les bons choix | 60 |
| Prière pour l'ancrage et la concentration | 61 |

### III. Les sentiments
Prière pour les émotions — 62
Prière pour la tristesse — 63
Prière de détachement (pour les personnes) — 64
Prière de détachement (pour les situations) — 65
Prière contre la jalousie — 67
Prière pour dénouer une relation conflictuelle — 68
Prière pour la peur — 69

### IV. Les âges de la vie
Prière pour l'accueil d'une nouvelle âme — 70
Prière pour les stades de l'enfance — 71
Prière pour les adolescents — 72

### V. La vie professionnelle
Prière pour la vocation — 73
Prière pour consacrer un projet — 74

### VI. L'autre rive
Prière pour âmes en perdition — 75
Prière pour le moment de l'envol — 76
Prière d'accompagnement à la mort — 78

### VII. Les animaux
Prière pour un animal malade — 80

### VIII. Les lieux
Prière pour purifier un lieu — 81

### IX. Les plantes
Prière pour la croissance des plantes — 83

La crise suicidaire (accompagner la désespérance) — 84

### X. Vos prières de l'Empereur Jaune

www.ingramcontent.com/pod-product-compliance
Lightning Source LLC
Chambersburg PA
CBHW030043100526
44590CB00011B/314